もう一回
ココロに
種まき

はじめに

この本を手に取ってくださったみなさんへ

『ココロに種まき』から3年。 2冊目の絵ことば集を出すことができました。「また新しい種をまくことが、できるんだぁ」と思うとココロからうれしく思います。

私がお届けしたいと思っている種は、きっかけの種です。見てくださったみなさんの中にある「今の自分」。それに気づくきっかけの種になれたらいいなぁと思っています。

絵ことばを読んで、感じるいろいろな思いや感情は、実は、私が送ったものではなく、もともとみなさんが持っておられる「感じるココロ」からきているものだと、私は思っています。

だから、もし「いい言葉だなぁ」と感じるのならば、それは「言葉を受け止められる、豊かなココロを持っているんだなぁ」と今の自分に、ちょっぴりひたっていただければと思います。

もし「もう、がんばらなくっていいの？」と感じるのならば、それは「気づかなかったけれど、自分はすごくがんばってきたのかもしれないなぁ」と今の自分を、ちょっぴりいたわっていただければと思います。

絵ことばは、自分のココロを映し出す鏡です。「今の自分を感じとる」「今日のカラダとココロの調子をはかる」そんなものさしのような使い方をしていただければと思っています。

2006年5月　たかいたかこ

もう一回　ココロに種まき

たかいたかこ

もくじ

あなたが
大切

あなたが大切

世の中の多くのメッセージは
人に求めるものが多いと
私は感じています。
人に優しくしよう。
相手の立場に立って考えよう。
家族や友だちを大切にしよう。
それは生きていく上で
とても大切なことだと思います。
でも、私はその前に
あなたに優しくありたい。
あなたの立場に立って考えたい。
あなたを大切にしたい。
そう思っています。
私にとって大切なのは、あなた。
あなたがとっても大切なんです。

あなた
だけのせい
じゃない

あなただけのせいじゃない

情けない自分。 踏み出せない自分。
そんな受け入れにくい自分が存在すると
それは「自分に問題があるんだ」と
思ってしまいがちです。
でも本当に、そうなのかなぁ。
確かに、そんなときもあるかもしれません。
でも、それ以上に
社会の仕組みや人の価値観に
問題があることもあるんじゃないのかなぁ。
だから、うまくいかないことを
すべて自分のせいだと
思うのはやめにしましょ。
今の現実、今の結果を生んだのは
あなただけのせいじゃないですよ。

実はあるんだ

実はあるんだ

人を見て、うらやましく
思うことがあります。
それは自分が、持っていないものを
人は持っているような気がするから。
でも人からすれば、あなたが
そのうらやましく思われている
立場の人になるんですよね。
だから、何となくでいいので
自分の持っているものを
信じていてください。
それに、気がついていないだけで
本当に、あなたが持っているいいものが
いっぱいいっぱい、あるんですよ。

あなた
だから
こそ

あなただからこそ

「私でなければならないことは？」
と考えてみると「これ！」というものを
なかなか見つけることができません。
でも「～のことで、なくてはならない人は？」
と問われれば、すぐに浮かんできます。
つまり、私でなければならないことは
自分では、見つけにくい。
でも、人からすれば
私でなければならないことがある
そういうことなのかもしれないですね。

自分のために

自分のために

人はいろんな役割を、担って生きています。
私の場合、母、妻、娘、絵ことば作家……。
でも役割って、自分以上のものを
求められることも結構あって
それにとらわれてしまうことが
少なくないんですよね。
誰かのために、時間を費やすことは
もちろん大切なことです。
でも、たまには
自分のためにも、時間を使おう。
自分のためにも、生きてみよう。
自分のためにも、何かをしよう。
それは、決して悪いことではないですよ。

出来ない
ことだって
あるさ、

出来ないことだってあるさ

努力をすれば、できないことなんてないよ。
自信につながるから、できるまでがんばろうね。
そんな風に言われてきたように思います。
それはウソではありません。本当のこと。
でも、中にはできないことだってあるんですよ。
だからできないことがあっても、それは決して
努力が足りないわけではありません。
それに、すべてできることだけがいいとは
限らないんじゃないかなぁ。
自分のできないことを手助けしてもらう。
自分のできることを手助けする。
そういうことも、ものすごく大切だと
私は思います。

遅くたっていいよ

遅くたっていいよ

どんなことでもそうですが
「遅い」ことをいいことだと
感じる人は少ないように思います。
でも、ものごとには
早いものもあれば、遅いものもあります。
人の成長や動きだって
早い人もいれば、遅い人もいます。
それに、遅いからこそ見えること。
遅いからこそ感じられること。
遅いからこそ伝わるものも
いっぱいあると思います。
だから、早いのだけがいいと感じるのは
少し違うかもしれないですね。

誰の
ことでも
なく

誰れのことでもなく

子どもさんのことでなく
おつれあいさんのことでなく
ご両親のことでなく
お友だちのことでなく
私は、あなたのことを考えたい。
あなたに関わる人たちのことは
今は、とりあえず置いといて
あなたの気持ちに寄りそいたい。
そう思っています。
私が、大切にしたいのは
誰のことでもなく、あなたです。

出来るからじゃないよ

出来るからじゃないよ

あなたが、ここにいていいのは
何かが、できるからではありません。
勉強ができなくても、仕事ができなくても
ここにいて、いいんです。
親孝行ができなくても
誰かの役に立たなくても
ここにいて、いいんです。
この世に生まれてきてくれたことだけで
ここにいて、いいんです。
だから「自分は何もできないから……」
なんて思わないでくださいね。

下ろして
いいよ

下ろしていいよ

今までに、過ちをおかしたり、人を傷つけたり
したことが、あるかもしれません。
でも今、そうした過去で
ココロがつぶれそうならば
その重荷、もう下ろしてもいいいですよ。
もし、下ろすことができないというならば
その気持ちを誰かのために
役立ててみるのもいいかもしれませんね。
償いは直接、相手にするのが
理想的だとは思いますが
それが叶わないときは
同じことを二度と繰り返さない。
その経験を生かしていく。
それも一つの方法だと、私は思います。

届けば
いいな

届けばいいな

この思い、届いてほしいなぁ。
この願い、届いてほしいなぁ。
この祈り、届いてほしいなぁ。
そのために
いっぱいいっぱい、思い
いっぱいいっぱい、願い
いっぱいいっぱい、祈ります。
だから、どうかどうか
届きますように……。

その中で
できる
こと

その中でできること

目的を持ち、それをなし遂げ、達成感を得る。
それはとても大事なことだとは思います。
でも、ずっと自己実現し続けなければならない
というのも、ちょっとしんどい気もするかなぁ。
もし今「生きづらいなぁ」と感じているのならば
一度、何かに向かって歩くのではなく
自分のできることの中で、生きてみたらどうでしょう。
そうすれば、等身大の自分が
感じ取れるように思えるんだけれどなぁ。
今は「更なる自分」を求めなくてもいいですよ。
今は「勝る自分」を求めなくてもいいですよ。
今は、自分のできることの中で生きよう。
まずは、それで十分だと思います。

ひとり
ヒトリ

ひとり　ヒトリ

一人では何もできないから
誰かといっしょに何かをしよう。
そんな風に思うかもしれませんね。
でも、私には「一」という単位が大切で
すべてはそこから始まるように
思えるんだけどなぁ。
だから、まず「一人でできないこと」
ではなく「一人でできること」に
目を向けてみませんか。
そうすれば、思っている以上に
自分のできることがあることに
きっと気がつくと思いますよ。

そこもいいんだ

そこもいいんだ

「弱さ」をいいことだと思う人は
少ないかもしれません。
「失敗」をいいことだと思う人は
少ないかもしれません。
でも私は、どちらも悪いとは思えないかなぁ。
それは「強さ」を持ち続けることで
気づかないことが、あるように思えるし
「成功」をし続けることで
学べないことが、あるように思えるから。
だから、弱いことも失敗することも
大切なことだと、私は思います。

感じる
ことが…

感じることが

人、それぞれの持ち味。
それを感じ、受けとめていくうちに
気づいたことがあります。
それは、自分のいろんな感情は
相手から受けたものだけではなく
自分のココロの中にある
「過去」や「価値観」が
影響しているということでした。
「同じ」「違う」と感じる思いも
「好き」「嫌い」と感じる思いも
実は、自分自身の持ちものなんですね。
相手は、そんな気持ちを
ゆさぶるきっかけにすぎないんですね。
そう思うと、そんなときこそ
いろんな自分を知る
チャンスなのかもしれません。

見つめてみよう

見つめてみよう

しんどくなって
身動きがとれなくなったときは
ココロの整理をしてみよう。
したいこと、したくないこと
今できること、できないこと
思いつくすべてを書き出して
それをじっくり見つめていく。
そうすると、ゴチャゴチャしていたものが
すっきりしてくると思います。
後は、感じるままに動いていく。
そうしている間にまた、だんだんと
自分が見えるように
なってくると思いますよ。

待ってみよう

待ってみよう

生きているのは今。
だからつい、今という時間が
すべてのように、感じてしまいがちです。
でも、本当にそうなのかなぁ。
今という時間は、過去という時間にも
未来という時間にも、つながっています。
だから、今がすべてというのは
少し違うかもしれませんね。
今の結果は「結果」として受け止めるのは
大切なことだと思いますが
でも、すべての結論を出してしまうのは
ちょっと待ってみませんか。
ものごとは、点でなく線でとらえることも
大切なことだと思いますよ。

今だから

今だから

自分が感じられない。わからない。
今、そんな風に感じるならば、それはまだ
自分というものをつくりあげる
途中だからなのかもしれませんね。
なぜ途中なのか……その訳の一つは
これまで自分のためではなく
求める人のために、求められる姿で
生きてきたことがあるように
私には思えるかなぁ。
でも今、せっかくそんな自分を
感じつつあるのだから
これからは、自分のためにも
生きてみたらどうでしょう。
自分づくりに、遅すぎることなどありません。
今だから、本当の自分をつくって
いくことができると思いますよ。

温かいね

温かいね

笑ってくれる。泣いてくれる。
喜んでくれる。悲しんでくれる。
支えてくれる。正してくれる。
聴いてくれる。話してくれる。
押してくれる。引き戻してくれる。
相性の合う人と出逢うと、たくさんの
「くれる」を感じさせてもらえます。
でも、相性の合わない人と出逢うと
「くれる」が「くれない」にかわって
「くれない」ばかりを感じてしまいます。
もし、今の人間関係に「くれる」より
「くれない」の言葉を多く感じるのならば
それはまだ、相性の合う人と出逢って
いないからなのかもしれませんね。

これまで
これから

これまで　これから

今という時間は
これまでの時間とこれからの時間
にもつながっています。
だから「今という時間」の過ごし方が
これまでの時間を、生かすことに
これからの時間を、広げていくことに
つながっていくように思います。
そして何よりも、今を生きる自分を
豊かにしてくれるように思います。

力をぬいて

力をぬいて

そんなに考え込んでしまったら
辛くなってしまいませんか。
そんなに負担に思ってしまったら
倒れこんでしまいませんか。
人はがんばりすぎたり
がまんしすぎたりすると
カラダもココロも強ばってしまいます。
だから、ちょっと力をぬいて
ひと休みしてください。
休むということも
これからの道を開いていく上で
とても大切なことですよ。

見えないけれど

見えないけれど

「結果」は、自分の努力だけでは
手に入れることが
難しいものもあると思います。
でも「過程」は、結果がどうであれ
自分の手に入れることが
できるものだと思います。
経験は、誰も奪っていくことはありません。
私には、そんな経験の積み重ねが
「生きていく」ために
大切だと思えるんだけれどなぁ。
見える「結果」だけでなく
見えない「過程」にも
ものすごく意味があると
思えるんだけれどなぁ。

自分を知れば

自分を知れば

困難を乗り越えていく。自分をかえていく。
そう生き方もあると思います。
でも、私の場合はちょっと違うかなぁ。
困難をやり過ごしていく。
自分とつき合っていく。そんな感じです。
自分を楽にしてあげるために必要なことは
自分を否定することではなく
自分を肯定してあげることなんじゃないかなぁ。
そのためにも、今の自分をもっと知って
まるごと受けとめていくことが
とても大切だと思います。
そうやって、等身大で歩いていけば
ある日、前よりも楽になっていることに
気がつくときが来ると思いますよ。

どこに
あるのでも
なく

どこにあるのでもなく

やりたいことがまだ見つからない。
今の自分は本当の自分じゃない。
そんな言葉を耳にすることがあります。
じゃあそれは、どうしたら
みつけることができるんでしょうね。
私には、まず目の前のことをコツコツ
こなしていくことが大切だと
思えるんだけれどなぁ。
現実との向き合い方の深さが
大切だと思えるんだけれどなぁ。
さがしているものの多くは
手の届かないところにあるのではなく
あなたの目の前にあるものに
つながっていると、私は思いますよ。

それと
これとは
別のこと

それとこれとは別のこと

全く関係ないことを
「あのときのことで、こうなったのかなぁ」
と結びつけてしまうことがありませんか。
自分に心当たりがないことを
「ひょっとしたら、自分のせいかなぁ」
と思ってしまうことがありませんか。
もし思い当たることがあるのならば
「考えてみる」ということは
大切なことだと思います。
でも、すべてのことを結びつけてしまう
というのは、どうなんでしょうね。
「区別して考える」
「相手の感情は、相手にまかせる」
そういうことも大切なことだと思いますよ。

見方を
かえれば

見方をかえれば

自分の性格や考え方をかえるのも
人生のやり直しや生き方をかえるのも
かなり難しいことだと思います。
でも、自分の見方に幅をもたすことは
まだできるんじゃないかなぁ。
もし、それができたならば
人生をもう一度、見つめ直してみよう。
そうすれば、今までマイナスに感じていたものが
逆に、プラスに感じられることも
あったりすると思いますよ。
それは、今まで感じてきた
プラスの感情もマイナスの感情も
すべてあなた自身が得てきたものだからです。
大切なことは、これからそれを
どう生かしていくかってこと。
私には、そんな風に思えます。

ずっと

ずっと

この世にあなたがいなくなっても
あなたがこの世にいたことを
私は、ずっと覚えています。
この世にあなたがいなくなっても
あなたはココロの中で生き続け
私は、ずっと感じ続けます。
この世にあなたがいなくなっても
あなたがここに存在したという
事実は、ずっと残り続けます。
存在とは、決してなくならないもの。
少なくとも私の中では、ずっとずっと
永遠のものでしかありません。

歩いて
いれば

歩いていれば

目的がなくてもいいんです。
目標がなくてもいいんです。
「とりあえず歩いてみる」
「そのまま歩き続けてみる」
それが大切なような気がします。
それは、私自身があちこち寄り道を
しながら歩いてきたことで
いろんなことを感じ、いろんな人に
出逢えたと思えているから。
だから私には、最短距離で歩くことや
目的や目標に向かって歩くことだけが
いいことだと言い切ることができません。
遠回りやムダに歩くことからしか得られない
そんなものもあると思います。

いつか
きっと

いつかきっと

今のしんどさが
永遠に続くことはありません。
時間はかかるかもしれませんが
今よりも楽になるときが
いつか必ずやって来ます。
だから今、本当にしんどいと思いますが
そのしんどさ、なんとか耐えてくださいね。
それに、いつかその日が訪れたとき
今のしんどさが、一番の力に
そして、一番の支えに
なってくれると思います。

ココロを
こめて

ココロを込めて

思いを込めてものごとを行うと
目にはみえないその「思い」が
キチンと伝わるような気がします。
不思議なんですが「気」というものは
確かに存在し、ちゃんと相手に
伝わるものなんですね。
だからこそ、何をするにも
ココロを込めるということは
とても大切なことだと思います。

ひとりよりふたり

ひとりよりふたり

どんなに強い人でも
どんなにしっかりした人でも
すべて一人で抱え込んで、消化して生きていくのは
かなり難しいような気がします。
だから、せめてしんどいときぐらいは
「この人なら」って思える人に
自分の気持ちを話してみたらどうでしょう。
話すだけでもココロが軽くなると
思うんだけれどなぁ。
それに、話をすることで
しんどさから抜け出す糸口を
見いだせることもあると思いますし。
この世に、自分以外の人が存在するのは
「いろんなものを分かち合うように」という
メッセージだと、私は思っています。

つながって
いるよ

つながっているよ

自分の人生は
自分で歩いていくしかありません。
だから、しんどいときや悩むときは
「もうダメだ」と思ってしまいがちです。
でもそんなとき、少し顔をあげて
周りを見回してみてください。
そばに、あなたのことを思っている人が
実は、いたりするんですよ。
手を差し出せば、あなたのことを
まるごと受け止めてくれる人に
きっとつながると思います。
少なくとも私は、その「つながりたいなぁ」
と思っている中の一人です。

あなたの
おかげで

あなたのおかげで

あなたからすれば
「いろんなものをもらっているのは自分」
そう感じているかもしれませんが
実は、そうじゃありません。
いろんなものをいただいているのは私の方。
支えていただいているのも
元気をいただいているのも
背中を押していただいているのも
すべて、私の方です。
こうして私がいるのも、あなたのおかげ。
本当に本当に、ありがとう。

やって来るよ

やって来るよ

春の次には、夏がやってきます。
夏の次には、秋がやってきます。
秋の次には、冬がやってきます。
冬の次には、また春がやってきます。
つらいときは、それが過ぎ去るまで
ジッとこらえて待っていよう。
そうすれば、ココロが晴れる日が
必ず、やってきます。
春の来ない冬がないように
ココロが晴れない今はないですよ。

私で
なければ…

私でよければ

あなたの代わりに生きることも
あなたの環境をかえることも
あなたの現実をかえることも
私には何もできません。
もし、できることがあるとすれば
お話を聴かせていただくことぐらいです。
でも、誰にも何も言わず
一人でしんどさを抱え続けるよりは
少しはココロが軽くなるかもしれません。
だから、もう一人でいろんなことを
抱え込まないでくださいね。
私でよければ、ずっとここにいます。

戻って
くれば

戻ってくれば

しんどいときは、その重たい荷物を
いっしょに持たせていただければなぁ
と思っています。
そして、その荷物が一人で
持てるほどの重さになったなら
また、歩いていってくだされば
と思っています。
もし、この場でよければ
いつでも休みにきてください。
戻る場所は、ここにあります。
だから、安心してくださいね。

生きて
いて
ほしい

生きていてほしい

もし今、少しでも死を考えているのなら
「待ってほしいなぁ」とココロから思います。
それは過去、私もそう思ったけれど
今まで何とか生きてきて
「あのとき、死なないでよかったなぁ」
と感じているからです。
生き続けたことで、わかったことなんですが
時間を経ることで「そうだったんだぁ」
とわかる事実や感情が、結構あるんですよ。
こうしてお逢いしたのも何かのご縁。
そのご縁ついでに、私の言葉にだまされて
もうちょっと生きてみてください。
「ホントにそうだった」と思える日が
必ずやってくると思いますから。

あとがき

最後まで、読んでくださって本当にありがとうございます。この本を通して、みなさんとつながらせていただけたことをココロから感謝いたします。
「ココロが、少しでも軽くなりますように」そんな願いをいっぱい込めて、この本をつくりました。

ココロの元気がなくなると「自分は弱い人間だ」と自分のことを否定してしまいがちだと感じます。社会や人の見方も「現実から逃げている」とか「弱いからだ」とか、そんな風にみられることも少なくありません。

でも私は、そんな風には思わないかなぁ。
それは、まず弱さを悪いことだと感じられないし、元気がなくなることが、本当に弱さからくるものなのかなぁと感じるからです。

人は生きもの。生きているからこそ、元気なときもあれば元気がないときもあって当たり前なんじゃないのかなぁ。例えば、悲しいことや受け入れたくない事実に直面したときに、元気がなくなってしまうのは当然のことだと私には思えます。

人には「体質」と呼ばれるものがあるように「気質」というものもあると私は思っています。食べものなどからカラダにアレルギー反応が出るのと同じように、ストレスなどからココロにアレルギー反応が出てもおかしくないと思えます。

それに、私も陥った「うつ病」という病気もありますしね。
だから、いろんなことをすべて「弱さ」に結びつけないでほしいなぁとココロから願います。

私は、今も未熟なままです。しかし、その未熟さからいろいろなことを感じ、学びました。未熟だからこそ感じられること。未熟でなければ感じられないもの。そんなものもあるんですよね。

それに、そんな自分と向き合い、受け入れつき合っていくというのも、結構、しんどい作業でもあります。「弱さからしか、得られない強さ」そんなものもあると、私は思えます。

いつかそんないろいろなものを、手にすることができる人。それが、この本を読んでくださったみなさんなんだと思います。

最後になりましたが、「この本はうちでださなあかん」と思ってくださった西日本出版社 内山正之さん、編集をしてくださったアルゴ 千葉潮さん、そして、すべてのきっかけとなってくださった吉本美江さんにココロから感謝の気持ちをお伝えしたいと思います。
本当に本当にありがとうございました。

著者：たかいたかこ
イラストレーター、絵ことば作家。
1996年、イラストレーターとしての活動を開始。
1999年、絵ことばの創作活動も開始する。
子育て中に、育児ストレスからウツに陥った経験を通し、応援でも励ましでもない、しんどさが共有できるような作品を描き続けている。
毎日新聞、朝日新聞、刊行物などのイラスト他、講師なども勤める。
「種まき工房」http://homepage3.nifty.com/tanemaki/

もう一回 ココロに種まき

2006年6月14日　第一刷発行

著　者　たかいたかこ

発行者　内山正之

発行所　有限会社 西日本出版社　http://www.jimotonohon.com/

〒564-0044　大阪府吹田市南金田 1-8-25-402

[営業・受注センター]

〒564-0044　大阪府吹田市南金田 1-11-11-202

TEL.　06-6338-3078　FAX.　06-6310-7057

郵便振替口座番号　00980-4-181121

編　集　千葉潮（アルゴ）

装　丁　上野かおる（鷺草デザイン事務所）

印刷・製本　株式会社NPCコーポレーション

ISBN4-901908-16-2　C0076